Forex Trading: Come Iniziare

Danilo Schiavone

Published by Danilo Schiavone, 2023.

FOREX TRADING: COME INIZIARE

First edition. June 23, 2023.

ISBN: 979-8215539187

Written by Danilo Schiavone.

Sommario

Prefazione

Caro lettore, le nozioni contenute in questo libro sono il frutto dell'esperienza di diversi anni di studio come trader.

Tutte le informazioni ivi contenute sono state elaborate per favorire un'agevole consultazione, al fine di aiutarti a sviluppare il tuo iter di inserimento nel mondo del trading online forex.

Utilizzando questo libro come un vero e proprio strumento, potrai imparare tutte le nozioni fondamentali e funzionali all'ingresso nel mondo del trading online delle valute, il mondo del FOREX appunto.

Dapprima, voglio comunicarti che è importante considerare il fatto che studiare un argomento autonomamente richiede tanta dedizione, curiosità, motivazione, nonché, in questo caso specifico, la conoscenza dei fondamenti della matematica, assolutamente necessari per affrontare il mondo del trading online.

Tuttavia, l'auto apprendimento presenta un importante vantaggio, rispetto ai corsi in aula, che consiste nella velocità di acquisizione delle informazioni.

Con questo libro, e con una semplice connessione ad internet, potrai infatti studiare senza per forza dover perdere tempo prezioso negli spostamenti che, invece, necessariamente dovresti fare per andare a seguire le lezioni.

Il tempo che ti servirà per apprendere tutte le nozioni di cui avrai bisogno sarà così completamente dedicato allo studio ed all'analisi, quindi decisamente ottimizzato.

La modalità di esposizione ed i contenuti inerenti agli argomenti trattati in questo libro non hanno, in alcun modo, lo scopo di elaborare o di metterti a disposizione una dottrina o una linea di pensiero univoca.

Lo scopo perseguito è, invece, molto più ambizioso e consiste nel fornirti tutti gli elementi necessari per la comprensione della materia e per la successiva individuazione della strategia operativa (o, eventualmente di più strategie) da applicare nel trading.

Per attivare la strategia vincente, infatti, non si può prescinder dall'analisi di tutti elementi che compongono l'attività di trading, nonché dall'individuazione di tutti i possibili pericoli che potresti incontrare.

Introduzione al Forex

Il mercato Forex (o FX) è il mercato interbancario delle valute, dove Forex deriva delle sillabe iniziali di due parole inglesi "foreign exchange" che significano, appunto, scambio delle valute.

Si tratta del mercato, inteso come valore economico, in assoluto più grande del mondo.

Mercato OTC

Il mercato Forex è aperto h24 dalla domenica sera al venerdì sera, mentre rimane chiuso durante il weekend.

È un mercato che viene definito "Over the Counter" (OTC) in quanto è delocalizzato, ragion per cui non è sito né regolato su una piazza finanziaria, bensì, sono presenti vari centri operativi che si attivano in sequenza durante l'arco della giornata.

Questi centri operativi altro non sono che piazze finanziarie dislocate in tutto il mondo e, sovente, le suddette piazze possiedono un'operatività contemporanea, come ad esempio Sidney con Tokyo e Londra con New York.

È risaputo, nel settore dei trader, che la sovrapposizione tra l'operatività della piazza di Londra e la piazza di New York, che normalmente avviene nell'arco temporale tra le 14 e le 18, è il momento in cui, più di frequente, avvengono i maggiori movimenti di valute euro e dollaro.

Come si guadagna nel forex

Vi sottopongo un semplice esempio per focalizzare la modalità e la dinamica per cui è possibile guadagnare nel mercato delle valute.

Il sig. Verdi, durante un viaggio negli Stati Uniti, si reca in banca per cambiare 2.000,00 euro. In quel momento, il cambio euro-dollaro è pari a 1,50€, pertanto, per ogni euro gli verranno corrisposti 1,5 dollari: con questa operazione, il sig. Verdi riceverà 3.000,00 dollari, al netto delle spese.

Essendosi presentato un problema di natura personale, il sig. Verdi deve annullare il viaggio, quindi lascia i dollari che aveva cambiato a casa e, dopo diversi mesi, si reca in banca per cambiarli in euro.

Orbene, proprio in quel momento scopre che il cambio del dollaro è sceso ed il tasso non è più 1,50, bensì 1,19, pertanto un dollaro viene cambiato a 0,84 €.

Il signor Verdi cambierà, a questo punto, i suoi 3.000 dollari e riceverà 2.520,00 euro in virtù del nuovo cambio.

Attraverso questa elementare operazione, focalizzando l'attenzione sulle valute, possiamo renderci facilmente conto che il sig. Verdi si ritrova con €520 di plusvalenza.

Com'è evidente in questo caso specifico, il mercato indicava una posizione di ribasso perché il cambio era passato da 1,5 a 1,19 ma, ciononostante, il sig. Verdi ha ugualmente guadagnato.

Attraverso questo esempio, possiamo comprendere che il Trader può, svolgendo la sua attività in modo professionale e scientifico, guadagnare denaro utilizzando i cambi tra le valute, con la semplice consultazione del web.

Poiché nel Forex si parla di rapporto di cambio tra due valute e non del singolo caso di cambio, introduciamo il concetto di coppie di valute.

Coppie di valute

Le quotazioni Forex sono una coppia di valute e, specificamente, la quotazione rappresenta il tasso di cambio di una valuta nell'altra.

Valuta Base e Valuta Quotata

In primo luogo, ogni valuta ha una sua sigla identificativa: ad esempio, esiste il tasso di cambio EUR/USD.

In gergo, quando si parla di coppie di valute, si possono sentire espressioni come "la valuta euro contro la valuta dollaro" e, per questo, dobbiamo essere a conoscenza del fatto che il simbolo indicato al primo posto viene definito numeratore o valuta base, mentre il simbolo al secondo posto viene definito denominatore o valuta quotata.

Quando facciamo un'operazione sulla nostra piattaforma di trading, compriamo o vendiamo sempre la valuta base con riferimento di favore o sfavore della seconda valuta.

Quindi, proseguendo con l'esempio fatto prima, quando adottiamo la dicitura vendita EUR/USD, significa che stiamo vendendo euro e contemporaneamente stiamo comprando dollari. Dunque, guadagneremo o perderemo denaro con lo stesso principio di calcolo adottato nell'esempio riportato prima (signor Verdi).

Il Broker

Introduciamo ora una parola molto usata nel linguaggio economico-finanziario, ossia broker.

Il broker è quel soggetto intermediario che, appunto, si interpone tra noi ed il mercato Forex, consentendoci di avere lo "strumento" e di operare nel suddetto mercato in maniera professionale.

Per il tramite del broker possiamo, intanto, aprire il conto in cui depositare il nostro capitale.

Egli procede fornendoci una piattaforma o, meglio ancora, un software (o una app), da installare nel nostro pc, con la quale possiamo eseguire direttamente le nostre operazioni nei mercati finanziari attraverso una connessione internet.

Occorre, a questo punto, fare un distinguo tra due tipologie di broker:

ECN (Electronic Communication Network)

In questo caso specifico, abbiamo accesso diretto al mercato delle valute semplicemente immettendo, attraverso la nostra piattaforma, una posizione. Così facendo, l'ordine passa direttamente al mercato senza alcuna fase interlocutoria.

Market Maker

In tal caso, invece, non possiamo fare un accesso diretto al mercato, bensì il broker dovrà farci da intermediario e da controparte allo stesso tempo.

A differenza di quanto avviene con ECN, con Market Maker il broker potrà decidere di non inoltrare direttamente il nostro ordine nel mercato reale, prendendolo in carico come intermediario.

Ne consegue che se dovessimo guadagnare lui perderà e se dovessimo perdere lui guadagnerà.

La realtà di questa situazione mette in evidenza molto chiaramente la presenza di un conflitto di interessi che sarebbe meglio evitare, ragion per cui la scelta del broker potrà essere fatta in funzione della esperienza o dei volumi dei capitali e, comunque, si tratterà di una scelta soggettiva.

Questo argomento ci permette di inoltrarci nella conoscenza di altri termini tecnici molto importanti per chi si affaccia al mondo del trading on line.

Liquidità

Con il termine liquidità si vuole rappresentare il totale dei volumi di capitali presenti negli scambi di mercato in un determinato periodo di tempo.

Il mercato Forex è il mercato con la maggiore liquidità del mondo, che si stima in circa 4.000 miliardi di dollari al giorno. Un'alta liquidità fa si che il mercato sia più protetto dalle manipolazioni.

Con il termine "direzione" intendiamo la variazione in alto per aumento di valore ed in basso per la diminuzione del valore, al fine di determinare la variazione generale. Dunque, la direzione del mercato si rende più improbabile da parte di un singolo operatore nel momento in cui la liquidità è alta.

Nel mercato Forex evidenziamo che, comunque, le banche centrali hanno il potere di manipolare e la facoltà di cambiare i tassi di cambio delle valute e queste azioni sul mercato si "vedono" in maniera significativa.

Volume

Con il termine Volume si indica la dimensione della posizione, la quale corrisponde alla quantità di denaro con cui entriamo nel mercato, che rappresenta quello che potremmo definire il nostro segno distintivo all'interno del teatro del trading.

L'unità di misura base del Volume è il Lotto, che corrisponde a 100.000 unità e, più precisamente:

a. 1 lotto = 100.000 unità;

b. 0,1 lotti (1 minilotto) = 10.000 unità;

c. 0,01 lotti (1 microlotto) = 1.000 unità.

Il tempo e l'esperienza ci renderanno familiari i fondamenti testé analizzati, indispensabili e propedeutici anche per la comprensione dei concetti che ci accingiamo ad illustrare.

È chiaro che un operatore di trading deve necessariamente conoscere e comprendere questi aspetti tecnici.

PIP

Il PIP è la parte di prezzo più piccola, abbreviazione di percentage in point o price interest point, è il più piccolo movimento numerico di prezzo, precisamente la quarta cifra dopo la virgola.

Il basis point (letteralmente punto base in italiano) o PIP appunto è l'equivalente di uno 0,01% di una quantità (0,01% = 0,1‰ = 1‱ 1x10mila). In buona sostanza, 100 pips equivalgono ad una variazione del valore finanziario pari all'1%.

Sempre per cercare di far comprendere al meglio concetti che altrimenti resterebbero meramente astratti, diciamo che una quantità di 10.000 (decimila) pips equivalgono al 100% di variazione.

Potremmo trovare sul mercato alcuni broker che offrono un decimo di PIP, ovvero la quinta cifra decimale, ma nel Forex si utilizza solo fino alla quarta cifra.

Facciamo un esempio semplicissimo: se il valore di una quota 4,5650 aumenta, quindi con direzione verso alto, collocandosi a 4,5656 si dice che tale valore è aumentato di 5 pips.

Valore di un PIP

La variazione nel rapporto della coppia valutaria, ad esempio EUR/USD, genera un guadagno o una perdita sulla base di quanti pip di movimento ci sono stati.

Vediamo che cosa succede se ci riferiamo al volume di tutte quelle valute che hanno il dollaro al secondo posto.

Un caso tipico è quello di EUR/USD:

a. 0,01 lotti –>, dove 1 pip vale 0,1 dollari;

b. 0,1 lotti –> dove 1 pip vale 1 dollaro;

c. 1 lotto –>dove 1 pip vale 10 dollari.

Sempre per far un esempio pratico, se entriamo con 0,01 lotti, 1 pip varrà 0,1 dollari.

Se, invece, la quotazione di EUR/USD in quel momento è di 1,25, un euro varrà 1,25 dollari, mentre se 1 pip vale in euro 0,1, l'operazione sarà la seguente: 0,1/1,25= 0,08 euro.

Volatilità

Con il termine Volatilità, si vuole indicare la velocità di movimento o variazione del prezzo nel mercato, e quindi il cambiamento del valore che può essere più o meno rapido, con riferimento ad un determinato arco temporale.

In gergo si parla di "alta volatilità" quando la quotazione è variata in misura consistente e molto rapidamente e, di contro, si parla di bassa volatilità quando la quotazione è variata di poco e lentamente, situazione che, se protratta e ripetuta nel lungo termine può dare luogo al fenomeno della "congestione".

Questa premessa ci permette di comprendere il significato della cosiddetta volatilità media, ossia lo strumento finanziario rappresentato dalla media del valore nell'arco di un tempo. Questo indicatore, unitamente alle altre valutazioni, permette di determinare il modo in cui si muove il valore dello strumento e consente di stabilire che tipo di operazioni eseguire.

Il Requote

Veniamo ora ad analizzare una delle tecniche di cui è necessario tener conto quando si svolge un'attività di trading.

Quando siamo in presenza di un Broker Market Maker esso può essere, innanzitutto, Dealing Desk.

Un Broker Dealing Desk può fare le riquotazioni, denominate in gergo requote, che avvengono quando al momento dell'inserimento la quotazione è già cambiata.

La suddetta situazione può verificarsi in momenti di grande liquidità o di forti movimenti e ci porta a dover decidere se accettare o meno la nuova quotazione presentatasi in quel determinato momento.

Chiaramente, la nuova quotazione potrebbe essere palesemente sconveniente e, in tal caso, la soluzione migliore è rinuciarvi.

Lo Spread Bid/Ask

Lo spread è la differenza che paghiamo quando entriamo nel mercato, che corrisponde al numero di PIP pagati moltiplicato per il prezzo, oltre al costo del servizio del broker che, quindi, è a nostro sfavore rispetto al prezzo di inserimento nel mercato.

Con i termini BID e ASK, che in italiano significano denaro e lettera, si fa riferimento, rispettivamente, ai prezzi di acquisto e di vendita.

Prezzo di Acquisto = Bid (Denaro);

Prezzo di Vendita = Ask (Lettera).

Di conseguenza, sempre riferendoci allo spread, sulla piattaforma che utilizziamo sono visibili 2 prezzi per ogni coppia valutaria, che sono appunto Il BID e l'ASK.

La differenza tra questi valori è noto anch'esso come spread e, nel solito esempio EUR/USD, corrisponde mediamente a 1,5/ 2 PIP e, comunque, nei casi peggiori, non vengono superati i 3 PIP.

Take Profit e Stop Loss

Nel contesto delle dinamiche di mercato abbiamo la possibilità di indicare al broker a quale livello di prezzo arrivare per ottenere il nostro profitto e, inoltre, possiamo altresì indicare il livello di prezzo da raggiungere per chiudere la posizione in perdita.

Tali livelli di prezzo vengono denominati "take profit" e "stop loss" e sono entrambi soggettivi, oltrechè liberi da vincoli. A titolo meramente informativo, è bene sapere che nel Trading non direzionale lo stop loss non necessita di essere utilizzato in quanto, grazie all'hedging, siamo sempre coperti. Possiamo affermare che l'hedging, unitamente ad un rigoroso money management, ci eviterà di usare lo stop loss. Useremo, invece, Il Take profit, che ci permetterà di trarre profitto e di guadagnare anche quando la piattaforma è chiusa.Con il Trading Non Direzionale, dunque, ogni posizione a mercato genera sempre un profitto.

Rollover o Swap

Per comprendere di cosa si tratta, è necessario innanzitutto spiegare cosa succede nella pratica quando operiamo nel trading forex.

Quando, ad esempio, su euro-dollaro (EUR/USD) apriamo una posizione in acquisto, sostanzialmente non facciamo altro che comprare euro e vendere dollari.

Ebbene, ogni valuta ha un tasso di interesse che viene stabilito dalla banca centrale di riferimento. Un esempio semplice se per l'euro il tasso ufficiale potrebbe essere intorno allo 0,75% annuo, mentre per il dollaro dello 0,25% annuo.

Quando acquistiamo una valuta si ha diritto a ricevere tale tasso di interesse, poiché, nel momento in cui si acquista se ne acquisisce la proprietà e questo e la base del mercato. il ragionamento si ribalda quando ci troviamo a venderla perché in questo caso saremo noi a pagare il tasso d'interesse.

Nelle operazioni di acquisto e di vendita di euro e dollari, ad esempio, il broker ci potrà accreditare o addebitare la differenza tra i due tassi di interesse e ciò, di norma, avviene alla fine delle sessioni di contrattazione.

Tale di fine corrisponde di regola alle ore 23.00 italiane e le 17:00 ora di New York. Alla luce di quando scritto notiamo che la differenza tra 0,75 e 0,25 è 0,5, per questo motivo se noi procediamo nell'acquisto alla fine della sessione, ci potrà essere accreditato un interesse pari allo 0,5% (con un conteggio nominale su base annuale) per l'importo con cui siamo a mercato in quel momento della operazione.

Di conseguenza, al contrario, procediamo alla vendita di euro e all'acquisto di dollari, giusto per fare l'operazione analoga ma opposta il suddetto importo (calcolato come differenza tra i tassi di interesse) ci verrà addebitato. Il suddetto addebito/accredito viene nominato ed indentificato con i termini di rollover o swap, che ci indicano il fenomeno stesso.

Si possono avere delle situazioni in cui i Broker applicano tassi di interesse diversi da quelli delle banche centrali, in modo da variare in maniera significativa il rollover o lo swap. Inoltre, il broker tiene una parte di rollover per sé, pertanto nel caso in cui questo fosse negativo, ci verrà addebitato con una maggiorazione mentre, nel caso in cui sia positivo, sarà un po' diminuito, e la differenza andrà a vantaggio del broker.

Trattasi, infatti, di uno dei modi uno che il broker utilizza per guadagnare. Il rollover è assai rilevante quando il differenziale tra i tassi di interesse delle due valute è elevato.

Se, ad esempio, su AUD/USD con un differenziale di 3,25% il rollover potrebbe incidere sulla nostra operatività nel mercato.

Vendendo dollari USA e acquistando dollari Australiani il rollover sarebbe positivo e ad ogni fine sessione di contrattazioni ci verrà accreditato sull'operazione un importo. evidenziamo come questa modalità di operare con l'intento di avere a favore il rollover o swap e guadagnando da quest'ultimi è denominato carry trade. Quindi facendo trading in carry trade apriremo operazioni che ci faranno avere un tasso di rollover positivo al termine di ogni sessione.

Perchè investire nel forex

Il mercato di commercio in valute detto FOReign EXchange, FOREX, fino all'avvento di massa di internet era un mercato accessibile solo a determinati professionisti istituzionali del settore e non esisteva un mercato di intermediari rivolto a permettere investimenti ai piccoli privati, diciamo che solo alle banche era permesso stare dentro l'arena del forex, i piccoli privati non potevano investire.

Con l'avvento di internet, si è avuta una struttura aperta a tutti, dove ognuno con il proprio computer può avere gli strumenti necessari per operare e investire nei mercati, direttamente in tempo reale, accedendo sia alle quotazioni dei vari strumenti che anche a tutta l'operatività. Alla condizione attuale, dopo circa 20 anni di concorrenza siamo arrivati al punto in cui esistono moltissimi broker online che guadagnano su elevati numeri di clienti, questo abbatte particolarmente i costi, ecco perchè il mercato forex è uno dei mercati più economici che ci siano.

Vediamo nello specifico punto per punto i vantaggi che ci offre investire nel mercato forex:

Commissioni basse o inesistenti

Spread (differenza tra Bid e Ask) **bassissimo**

Deposito minimo per aprire il conto pari a poche centinaia di dollari.

Dimensione di lotto tradabile molto piccola (pari a 1 microlotto, cioè ad esempio 1000 euro) e quindi possibilità di fare trading con importi piccoli.

Leve altissime (questo è un vantaggio ma anche uno svantaggio se non la si usa con parsimonia)

Numero di intermediari elevatissimo, possibilità di confrontare un vasto numero di condizioni e trovare quella che più si adatta alle nostre esigenze.

Mercato OTC aperto h24 dalla domenica sera al venerdì sera, praticamente ci permette di operare in qualsiasi orario in qualunque posto del mondo ci troviamo

Remota possibilità di perdere più del capitale investito

Broker con sede in nazioni dove vigono serie regole ed enti regolamentati, protezioni dal fallimento delle società di brokeraggio con garanzia da parte dello stato o dell'ente garante del rimborso della quota depositata in caso di default della società intermediaria.

Ormai quasi tutti i broker seguono regole molto rigide di conti segregati, ovvero i capitali dei clienti e i capitali dell'azienda sono separati fisicamente in conti diversi e l'azienda non può attingere per nessuna ragione ai capitali dei clienti.

Molti strumenti a disposizione.

Vendite allo scoperto: possibilità di investire guadagnando anche quando la quotazione va in discesa.

Disponibilità di conti dimostrativi con capitali virtuali per esercitarsi anche a tempo illimitato alle stesse condizioni di chi opera con soldi reali

Il mercato delle valute si muove lentamente, quindi è piu gestibile, a differenza dei titoli, che possono oscillare del 20-30% in una singola sessione di borsa, nel forex le fluttuazioni sono lente, nell'ordine dello 0,3-0.6-1% al giorno; inoltre un'azienda (e quindi il suo titolo) può fallire, una coppia forex non può fallire, ovvero il suo valore non potrà mai essere pari a zero.

La leva finanziaria

La leva finanziaria è un meccanismo che permette di entrare a mercato con cifre di molto superiori al proprio capitale disponibile sul conto, semplicemente il broker presta la differenza, che verrà restituita al termine dell'operazione, solo una piccola quota viene accantonata e tutto il conto servirà a garanzia delle fluttuazioni della posizione.

Facciamo qualche esempio di leva finanziaria

1:100 (1 a 100) con 1000 euro è possibile entrare a mercato per un importo fino a 100.000 dollari. (1.000 x 100)

1:200 (1 a 200) con 1000 euro è possibile entrare a mercato per un importo fino a 200.000 dollari. (1.000 x 200)

Quando utilizziamo una leva finanziamo ed apriamo una posizione, viene accantonata, o meglio bloccata dal broker, una piccola porzione del nostro capitale "a margine" in base al volume della posizione, praticamente l'inverso dell'operazione vista in precedenza, ovvero si divide il volume della posizione per la leva e si ottiene il margine che viene accantonato per quella posizione.

Esempio:

entriamo a mercato con 1.000 euro, 0,01 lotti, 1 minilotto:

con leva 1:100 vengono messi a margine sul conto 10 euro

con leva 1:200 vengono messi a margine sul conto 5 euro

con leva 1:500 viene messo a margine sul conto 1 euro

A garanzia c'è sempre tutto il conto

A garanzia c'è sempre tutto il conto, questo concetto diventerà familiare con il tempo, ed a copertura dell'operazione c'è sempre tutta la nostra liquidità, pertanto se un'eventuale perdita dovesse raggiungere la nostra liquidità avverrebbe un "margin call", ovvero una situazione in cui il broker chiude automaticamente una o più operazioni perché non siamo in grado di sostenere ulteriori perdite con le nostre forze.

È importante quindi impostare sul conto la leva massima che ci permette il nostro broker, perché in questo modo il margine, ovvero la quota di capitale bloccata per ogni operazione sarà inferiore e avremo a disposizione più capitale per poter operare.

Proseguendo con questo ragionamento possiamo anche introdurre questo concetto di "margine e leva".

Il margine e la leva

Definiamo questo concetto indicando che nella piattaforma il margine è una piccola quota di capitale che rimane "bloccata" per mantenere aperta un'operazione.

La situazione è semplice e si ha che Il margine dipende dalla leva utilizzata ed è di fatto un meccanismo che non ci permette di esporci a mercato per un capitale maggiore di quello permesso dalla leva massima impostata sul conto.

Se per esempio abbiamo impostato sul conto una leva massima di 100, cioè 1:100, abbiamo la possibilità di moltiplicare il nostro capitale fino a 100 volte nel mercato.

Con 1.000 euro, potremo entrare nel mercato forex come anticipa con con un'operazione delle dimensioni fino a 100.000 euro (1.000x100) sfruttando appunto il meccanismo della leva finanziaria.

A questo punto Il margine che ci viene richiesto per un'operazione a mercato, in condizione di leva finanziaria di 1:100, è la centesima frazione del volume con cui decidiamo di entrare sul mercato.

Ad esempio, se decidiamo di entrare a mercato con una operazione di 3 minilotti (0,3 lotti) che equivale a un importo di 30.000 unità, per effetto della leva il margine richiesto sarà di 30.000/100=300 (per una leva di 100).

Quindi dal nostro capitale disponibile verrà bloccata una parte di esso pari a 300 unità, nel caso di euro/dollaro, 300 euro, perché l'unità base è l'euro.

Come detto, il margine esprime l'effetto leva (e lo abbiamo visto con l'ultimo calcolo) e ora che ne conosciamo il calcolo possiamo fare un'ulteriore dimostrazione. Se abbiamo sul conto 1.000 euro, e la leva massima è di 100, potremo entrare a mercato con 100 volte il nostro capitale reale, quindi ad esempio 100.000 euro (1.000x100). Pensiamo di voler usare tutta la leva, si tratterebbe di entrare a mercato con 1 lotto di euro. Come abbiamo detto la quota a margine equivale a 100.000/100 = 1000 euro, quindi tutto il nostro capitale.

Se volessimo entrare con un mporto maggiore, non avremo liquidità sul conto sufficiente. Se per esempio volessimo entrare con 1,3 lotti (130.000 euro su euro dollaro) sarebbe necessaria una liquidità per il margine pari a 130.000/100 = 1.300 euro, quindi i nostri 1.000 euro di capitale sarebbero assolutamente insufficienti e la piattaforma non ci permetterebbe di aprire l'operazione.

Il drawdown

Il drawdown esprime la massima variazione negativa sul conto dovuta a una perdita o una sequenza consecutiva di perdite chiuse e quindi messe a saldo.

Se per esempio portiamo il nostro conto da 1.000 euro a 800 euro, accusando una perdita pari a 200 euro, il drawdown è pari al 20% (200/1.000*100)

Il floating drawdown

Il floating drawdown è la perdita temporanea dovuta al fatto che abbiamo delle operazioni aperte a mercato e non è detto che queste vadano immediatamente in profitto, potrebbe capitare che prima di andare in profitto le nostre operazioni stiano diversi giorni o diverse settimane in perdita.

Questo genererà una perdita temporanea, chiamata anche "floating drawdown".

Il floating drawdown viene sostenuto ovviamente dal capitale che abbiamo a liquidità sul conto non vincolato dalle operazioni aperte. Solitamente è utile conoscere quanti pips di negatività possiamo sostenere prima di andare inmargin call, questo ci permette di conoscere esattamente quanto stiamo rischiando.

Facciamo un esempio pratico. Se abbiamo 1000 dollari sul conto ed entriamo a mercato su euro dollaro con 0,5 lotti.

Un pip per 0,5 lotti, su euro dollaro vale 5 dollari.

Quanti pip possiamo resistere prima che si bruci il conto? Il calcolo è una semplice divisione:

capitale disponibile / valore in moneta di un singolo pip = pip che possiamo sostenere di drawdown nel nostro esempio 1.000/ 5=200pip

In base a questo calcolo entrando a mercato con 0,5 lotti, avendo una liquidità sul conto pari a 1000 dollari, andremo in margin call dopo 200 pip.

Mediamo che la volatilità media di euro dollaro è in media di 120 pips al giorno, pertanto in condizioni di volatilità media, se bagliamo il nostro ingresso a mercato, dopo 1 giorno avremo bruciato il nostro conto e perduto tutti i nostri soldi.

Non è una prospettiva molto allettante, questa è la ragione per cui la leva va usata con parsimonia e sapendo quello che si fa.

A che leva abbiamo operato nel nostro esempio?

Il calcolo è quello visto anche in precedenza:

capitale a mercato/capitale sul conto = leva 0,5lotti cioè 50.000/ 1.000=50

La leva effettiva utilizzata è di 50, quindi già utilizzando una leva di 50, stiamo rischiando tantissimo!

Ne consegue che la leva che spesso viene offerta dai broker fino a valori di 400 o anche maggiori, è assolutamente nociva se utilizzata impropriamente.

Il Trading Non Direzionale esegue con controllo costante del proprio conto verificando costantemente la leva finanziaria e il rischio con grande precisione.

Il money management

La prima regola per fare trading è seguire un fermo, strutturato ed inamovibile money management, che ci permetta di commerciare in maniera duratura e superare anche la più difficile delle tempeste. Prima di vedere le regole di base per un corretto money management penso che sia utile dire due parole in più su questo argomento, soffremandoci che cosa veramente fa la differenza tra il trader professionista e uno scommettitore d'azzardo.

Il trader professionista quando si trova in perdita reagisce con freddezza, perché è perfettamente cosciente del fatto che non ha il minimo controllo sull'imminente futuro, è consapevole che nei mercati è presente una componente significativa di casualità e non può conoscere l'esito del singolo trade successivo. Ogni strategia, anche la migliore, è profittevole in modo statistico su una serie di trades sufficientemente elevata, questo significa che nel complesso su un insieme sufficientemente elevato di operazioni il risultato sarà un profitto, ma ci saranno inevitabilmente periodi più o meno lunghi segnati da sequenze di perdite o periodi negativi. Nel trading bisogno ricordarsi che i mercati sono casuali per la maggior parte del tempo e solo a volte rispondono alle regole dell'analisi tecnica o fondamentale, pertanto è lecito aspettarsi un profitto su centinaia e centinaia di trades, ma non sul singolo trade, l'esito delle vostre operazioni non sarà un alternarsi perfetto di vincite e perdite, ma dovrete aspettarvi sequenze di trades positivi e sequenze di trades negativi. Potreste arrivare a perdere 5, 6 o anche 10 volte consecutive e sarà doloroso se non sarete pronti.

È qui che la maggior parte dei trader alle prime armi si perdono d'animo e abbandonano la strategia pensando che sia da buttare, o cominciano a modificarla. Non sanno o non accettano che le sequenze negative sono un fatto assolutamente normale, è solamente necessario imparare a gestirle o operare con strategie che permettano una gestione del rischio più semplice da controllare. La maggior parte dei traders che utilizzano il trading classico, fissano una perdita fissa in moneta o in percentuale per ogni operazione in rapporto al loro capitale, per esempio se hanno sul conto 2.000 euro, decidono di rischiare una perdita pari al 2% per ogni trade, quindi calcolano il volume dell'operazione per fare in modo che in caso di stop loss la perdita non superi il valore desiderato.

La procedura step by step è la seguente:

1- individuazione del trade sul grafico

2- individuazione del possibile stop loss sul grafico, tenendo in considerazione

lo stato del mercato, l'analisi tecnica etc...

3- individuazione del valore in moneta o in % sul capitale liquido definendo la massima perdita che si vuole sostenere sulla specifica operazione

4- eventuali conversioni tra le valute di riferimento

5- calcolo del volume della posizione in funzione del non superamento del valore ottenuto al punto 3

Il Trading NON Direzionale, non cerca di indovinare la direzione del prezzo e quindi è esente da questa problematica, la gestione del rischio è molto più semplice rispetto al trading tradizionale.

Calcolatori di money management

Esistono su internet precisissimi calcolatori molto semplici da utilizzare e che tengono anche conto del valore del pip dello specifico strumento finanziario in base alla quotazione corrente sul dollaro, dovete solo inserire il capitale, il cross o la coppia, i pip di stop loss e il calcolatore vi dirà esattamente con quanti lotti entrare a mercato. potremmo consigliarne uno, ma potete trovarne altri semplicemente cercando sui motori di ricerca, oppure come lo potete creare sul vostro pc usato un foglio calcolo di Excel.

Tenete presente che regolare il proprio rischio al 2% su ogni operazione è totalmente inutile se poi aprite molteplici posizioni contemporaneamente su vari cross.

Un accorgimento utile con il trading classico è di non avere mai più di 3 operazioni aperte ed evitare di fare trading contemporaneamente su coppie forex troppo correlate tra loro, per esempio se siete short su eur/usd, evitate di aprire anche una posizione short su gbp/usd, le correlazioni saranno oggetti di uno dei capitoli successivi.

Il risk reward

Un altro aspetto strettamente legato al money management è il risk reward, ovvero per ogni trade il rapporto tra la possibile vincita e la perdita. Un risk reward corretto prevede una vincita pari ad almeno 2 volte la perdita su ogni trade. Significa che se per un trade avete calcolato lo stop loss per avere una perdita massimo del 2% o 200 euro, il profitto dovrà essere di almeno 4% o 400 euro. Mantenere fede a questa regola permette di recuperare agevolmente le sequenze negative e di portare a casa un ragguardevole profitto anche solo con la metà di trades positivi o anche meno.

Con il Trading NON Direzionale il money management è calcolato sull'intero conto considerando l'insieme delle operazioni aperte in cluster e non sulla singola operazione, permettendo un calcolo più preciso e corretto.

Esempio

6 operazioni: 3 perdite e 3 profitti

3 profitti x +4% = +12% (mettiamo il + perché sono profitti)

3 perdite x -2% = -6% (mettiamo il - perché sono perdite)

Risultato finale = 12 - 6= +6%

Seguendo questa regola potete contare sul fatto che con soli 6 trades al mese, dei quali solo la metà, cioè 3, in profitto, otterrete un profitto del 6%. È chiaro quindi che con questo sistema, per portare a casa un profitto nel forex non è necessario operare così spesso come la maggior parte delle persone pensa, sono sufficienti 6 trades al mese.

È condivisibile un commento che sovente ritorna che secondo il quale molti expert advisor, di utilizzare il trading automatico, con i quali operare nei mercati finanziari in maniera automatizzata escludendo completamente la componente emotiva. Vediamo di spieghiera meglio le definizioni di trading manuale e trading automatico.

Trading manuale e trading automatico

Il trading manuale

Nel Trading Manuale è richiesto l'intervento manuale dell'operatore, in fase di inserimento e chiusura ordini, analisi dei grafici o utilizzo della strategia.

Il trading automatico

Il Trading Automatico viene svolto con l'ausilio di software, programmi o app, che includono dentro se stessi tutte le regole di una strategia e operano nei mercati in maniera autonoma senza l'intervento manuale dell'operatore. i nuovi programmi sono sempre più evoluti con funzioni sempre più correlate e testate.

Che cos'è l'hedging

L'hedging è la possibilità di comprare e vendere lo stesso strumento finanziario contemporaneamente. Questa pratica è molto utile per bloccare ad esempio una perdita e valutare con calma il da farsi per recuperare la perdita. Quando compriamo e vendiamo lo stesso strumento dello stesso volume contemporaneamente, qualunque genere di profitto o perdita da quel momento in poi viene "congelato" qualunque variazione del prezzo non causerà ulteriori perdite o ulteriori guadagni.

Il vantaggio dell'hedging

Un esempio pratico potrebbe essere quello di aver palesemente sbagliato un trade e voler pianificare con calma il recupero, senza però incassare nell'immediato la perdita generata.

La differenza rispetto a chiudere l'operazione sta nel fatto che se chiudiamo un'operazione in perdita, per esempio in acquisto, incassiamo immediatamente a saldo la perdita.

Al contrario se invece di chiuderla in perdita apriamo un'operazione di stesso volume opposta alla precedente, ovvero nel nostro esempio in vendita, otteniamo un congelamento della perdita, ma le posizioni rimangono aperte, la perdita non viene messa a saldo ma rimane sospesa dandoci il tempo per riflettere e decidere cosa fare per recuperare.

Ordine pendente e ordine a mercato

L'ordine a mercato prevede l'apertura di una posizione a mercato al prezzo corrente immediatamente di acquisto o vendita, in quell'istante l'operazione verrà aperta alla quotazione del prezzo di quel preciso momento.

Un ordine pendente invece è una disposizione data al nostro broker di aprire un'operazione condizionata ad un livello di prezzo predeterminato e diverso dal prezzo attuale di mercato.

Con un ordine pendente parcheggiamo una disposizione che verrà eseguita in futuro dall'intermediario nel caso in cui il prezzo colpisca il livello di quotazione da noi scelto.

Questo è importante perché permette al nostro conto di aprire posizioni e incassare profitti anche quando la piattaforma è chiusa e noi non ci siamo.

Queste operazioni vengono svolte direttamente dal broker e non richiedono infatti che il nostro pc sia acceso.

In realtà il discorso è un pochino più complesso, perché l'hedging è una

pratica che richiede una certa pianificazione e organizzazione per essere davvero proficua, il Trading Non Direzionale usa molto l'hedging unito agli ordini pendenti, perché lavora continuamente a copertura. Toglie molto stress e rilassa la nostra mente e di conseguenza il nostro trading, che diventa pianificato, meno impulsivo e quindi migliore.

Ordine stop e ordine limit

Gli ordini pendenti si differenziano in due tipi. Gli ordini stop e gli ordini limit.

DEFINIZIONE:

Un ordine STOP è un ordine che guadagna se il prezzo prosegue nella direzione

da cui proviene.

Un ordine LIMIT guadagna se il prezzo colpisce il livello condizionato da noi

scelto e poi torna indietro.

Gli ordini STOP sono a maggior probabilità di successo perché seguono

l'andamento preesistente del mercato.

Gli ordini LIMIT sono a minor probabilità di successo ma in caso di mercato

indeciso e laterale passo vanno a segno di frequente.

Gli ordini LIMIT presuppongono che il prezzo torni indietro in un rimbalzo.

Gli ordini STOP presuppongono che il prezzo prosegua nella direzione da cui

proviene.

Le candele giapponesi

Premesso che il grafico in assoluto più usato per fare trading in particolare nel forex è quello a candele giapponesi. Esistono altri 2 tipi di grafico, a barre e lineare. Il grafico in assoluto più utilizzato è quello a candele giapponesi perché riassume il maggior numero di informazioni in minor spazio e questo lo rende in assoluto il migliore.

La storia di questo tipo di grafico risale a centinaia di anni fa proprio in Giappone, da qui il nome, veniva utilizzato per mostrare l'andamento del prezzo del riso.

Esistono vari tipi di candela giapponese, in base alla forma del corpo e dell'ombra ogni candela può avere un particolare nome. Prima di tutto però vediamo la struttura e le informazioni che una candela giapponese è in grado di darci, questo tipo di informazioni ci possono aiutare nella nostra attività quotidiana di trading.

Ogni candela giapponese presente sul grafico si riferisce all'intervallo del time frame di riferimento, ad esempio se abbiamo selezionato come time frame 5 minuti, la candela fornirà le informazioni che rappresentano il movimento del Il Trading Non Direzionale sfrutta al massimo la potenza degli ordini pendenti sia STOP che LIMIT, permettendo un trading completamente pianificato escludendo completamente discrezionalità ed emotività. adesempio il prezzo potrebbe essere preso in intervalli di 5 minuti. Più è alto l'intervallo temporale, più le indicazioni date dal grafico saranno affidabili.

Le informazioni che una candela rappresenta in un grafico forex sono:

- Prezzo di apertura
- Prezzo di chiusura
- Prezzo massimo
- Prezzo minimo

I grafici sono colorati o meglio le candele hanno due colori differenti se al rialzo o al ribasso attraverso il colore del corpo abbiamo come riscontro immediato il tipo rialzista o ribassista e la differenza è anche nella posizione del prezzo di chiusura rispetto a quello di apertura.

Se il prezzo di chiusura è sotto l'apertura, la candela è ribassista, se il prezzo di chiusura si trova sopra l'apertura la candela è rialzista.

L'ombra rappresenta la distanza tra il prezzo massimo o minimo avuto nel time

frame di riferimento e la chiusura o l'apertura.

L'ombra è molto importante perché più è pronunciata più evidenzia particolare indecisione o reazione nei confronti di un livello di prezzo nel grafico.

Questo è molto utile facendo trading in particolare nei mercati forex con l'analisi tecnica.

Un'ombra meno pronunciata o assente ci dice che il prezzo ha sempre seguito una

direzione decisa durante tutto l'arco di tempo preso in esame.

Tipi di candele giapponesi

Candela giapponese marubozu

La particolarità di questo tipo di candela giapponese è l'assenza di ombre sia

nella parte inferiore che nella parte superiore.

L'indicazione che ci da questa candela è che il mercato per tutto il time frame

di riferimento si è mosso quasi esclusivamente nella stessa direzione e quindi il trend in atto è molto deciso, guardando una coppia di valute e trovandoci di fronte a questo tipo di candela potremo quindi desumere di poter fare trading a favore del trend.

Candela giapponese doji

La doji è una candela giapponese senza corpo o quasi senza corpo, dove il prezzo di apertura e il prezzo di chiusura si equivalgono, ha l'aspetto di una croce.

Indica particolare indecisione, esistono vari tipi di doji classificate in base alla posizione della croce.

Altri tipi di doji

Candele giapponesi hammer e hanging man

Questo tipo di candela indica una possibile inversione del trend, è necessario contestualizzarla al momento corrente per capire se ci troviamo di fronte ad una hammer o una hanging man.

La hammer si trova in fondo ad un trend ribassista e l'hanging man in cima ad un trend rialzista, in entrambi i casi l'indicazione è che il trend si sta per invertire.

Le candele che rappresentano l'opposto delle due citate in precedenza sono la inverted hammer e la shooting star, sono esattamente identiche, cambia solamente la posizione nel grafico.

Il pattern harami

L'harami è un'interessante figura di inversione che avviene spesso nei mercati, più spesso negli indici piuttosto che nel forex, in particolare in concomitanza con il gap, ma non obbligatoriamente.

Abbiamo una formazione composta da 2 candele.

La prima candela è dello stesso colore del trend, la seconda candela ha un corpo più piccolo, è di colore opposto ed è contenuta nella precedente.

E' molto importante che l'apertura e la chiusura della seconda candela siano all'interno della candela precedente.

Solitamente questo accade durante un GAP, ma sovente possiamo considerare HARAMI pattern anche il caso in cui la chiusura della candela precedente corrisponde esattamente all'apertura della candela successiva.

Harami (rialzista)

L'harami è una figura di inversione, è necessario un trend a favore del colore

della prima candela. Nel caso di un harami rialzista dobbiamo trovarci in

un trend ribassista. L'harami ci indica che il trend sta finendo, si sta esaurendo

e potrebbe avvenire un ritracciamento.

Le due candele devono sempre essere di colore opposto.

Il trend a favore della prima candela (ribassista per prima candela rossa, rialzista per prima candela verde) deve essere lungo ed evidente.

La candela, almeno il corpo, deve essere contenuta nella precedente

E' preferibile utilizzare questo segnale assieme ad altri segnali o indici che ci

diano conferma dell'esaurimento del trend e un probabile ritracciamento, esempio un periodo di compressione o la presenza di un livello chiave importante.

Analisi tecnica e fondamentale

Vedremo le principali differenze tra analisi tecnica e analisi fondamentale, che

sono due approcci al trading completamente diversi.

Analisi tecnica

L'analisi tecnica è un modo di prevedere l'andamento futuro di uno strumento

finanziario esaminando sul grafico i movimenti che il prezzo di questo strumento ha avuto nel passato.

Quando si analizza il prezzo nel passato per prevederne l'andamento futuro, si utilizzano i grafici, i più utilizzati sono i grafici a candele giapponesi.

L'analisi tecnica si applica per fare trading su Il metodo di Trading Non Direzionale è difficilmente collocabile in una di queste due tipologie di trading, che di norma si utilizzano per classificare una strategia o un tipo di operatività.

Si da per assodato il fatto che maggiore è il time frame, più affidabile sarà l'analisi del grafico, in particolare buona parte dei traders che utilizzano l'analisi tecnica fa trading utilizzando time frame da 4 ore in su, preferendo il giornaliero, per una serie di ragioni.

Una ragione che fa preferire a molti traders time frame elevati deriva dal fatto che in questo modo si può fare trading con posizioni di più ampio respiro, anche di giorni o settimane e questo rende il trading psicologicamente e logisticamente più facile da gestire perchè non è necessario rimanere fissi ore e ore attaccati allo schermo del computer, pertanto è possibile fare trading

ma anche occuparsi di altre attività.

Rimane sempre una scelta individuale, perchè ci sono persone che lavorano nell'intraday, cioè aprono e chiudono tutte le operazioni all'interno della stessa giornata e non riuscirebbero a dormire la notte sapendo di avere ancora una posizione aperta. Se questo può essere uno spunto date la preferenza a chiudere tutto a fine giornata

Gli assunti dell'analisi tecnica

Il prezzo sconta ogni cosa

Questa teoria assume il fatto che il prezzo include dentro sé stesso tutto ciò che avviene nel mercato comprese le news e le informazioni, i rumors, le dichiarazioni e tutto ciò che influenza il mercato è racchiuso e individuabile all'interno del movimento del prezzo. Un altro assunto è che i movimenti del prezzo non sono sempre casuali.

Ovviamente questo tipo di analisi non si prefigge di essere precisa al 100%, e nemmeno al 90%. Semplicemente si prefigge di avere ragione in più del 50% dei casi.

In base alle condizioni di mercato, che possono essere più o meno favorevoli a questo tipo di studio dei grafici, potremo ottenere una percentuale di successo in certi periodi inferiore

al 50%, in altri molto superiore, in media avere successo il 60% o 65% delle volte, considerando take profit e stop loss alla stessa distanza, è già un ottimo risultato.

Ci sono traders che basano la loro operatività proprio sul 50 e 50, ovvero sul fatto che il mercato tende ad essere casuale la maggior parte del tempo e solo a volte prevedibile, questo significa che entrando in vendita o in acquisto a caso, mediamente nell'arco di molti mesi o anni avremo una percentuale di successo pari al 50%, aggiungendo l'analisi tecnica alcuni trader si accontentano "e campano" su un trade o due in profitto in più, rispetto alle posizioni perdenti, al mese, grazie appunto all'analisi tecnica.

Ad esempio entrando a mercato 20 volte al mese, si accontentano di 12 profitti e 8 perdite.

In termini percentuali è il 60% di operazioni positive e questo è definibile un ottimo successo. Chi utilizza l'analisi tecnica quindi è consapevole che questa spesso sbaglia a fronte della casualità intrinseca del mercato, accetta ogni sconfitta e aspetta i profitti, sapendo che le medie vengono rispettate nel lungo termine e nel frattempo si possono presentare anche sotto forma di sequenze negative o positive più o meno lunghe, come abbiamo dimostrato

nel capitolo sul lancio della moneta. Esiste pertanto una difficoltà psicologica nel trading classico con l'analisi tecnica, dovuta al fatto di dover essere pronti alle sequenze negative anche prolungate.

Il Trading Non Direzionale non presenta il problema delle sequenze negative, in quanto le posizioni sono raggruppate in cluster e si utilizzano metodi di copertura con l'hedging.

Cosa è più importante del perchè

Chi utilizza l'analisi tecnica si concentra soprattutto su 2 domande fondamentali:

1- Cosa mostra il prezzo corrente?

2- 2- Qual'è la storia del prezzo corrente

Il prezzo è semplicemente il risultato della battaglia tra chi compra (i tori) e chi vende (gli orsi) e quindi il grafico visualizza tutte le informazioni necessarie.

Le debolezze dell'analisi tecnica

Le debolezze dell'analisi tecnica sono fondamentalmente 5

1. la distorsione personale dovuta alla discrezionalità

2. i segnali di analisi tecnica spesso avvengono in ritardo

3. discrezionale: lo stesso grafico può essere interpretato diversamente in base alla persona che lo analizza, perché non ci sono regole meccaniche e precise al millimetro.

4. esistono sempre più trend e più livelli chiave anche in contrasto: non è

sempre chiaro il grafico e questo genera spesso indicazioni diverse provenienti da traders diversi.

5. difficoltà psicologiche: spesso come detto in precedenza si può andare incontro a fenomeni di sequenze negative difficili da gestire e controllare emotivamente.

Analisi fondamentale

L'analisi fondamentale assume che il mercato è dal punto di vista grafico molto casuale e per avere un trading di successo occorre seguire i market movers, il calendario ecomonico, le correlazioni (utilizzate anche in analisi tecnica e che vedremo più avanti).

Nel caso del forex gli atteggiamenti e le decisioni delle banche centrali e dei governi degli stati, le elezioni, mentre in altri tipi di mercati, l'andamento delle compagnie, i loro profitti e perdite, la domanda e l'offerta di prodotti di una determinata area del mercato.

La prima cosa che analizza un trader fondamentale, è lo stato generale delle economie, questo è fattibile osservando i grafici dei titoli di borsa, per esempio l'indice S&P500 fornisce una chiara idea dello stato del mercato borsistico più grande del mondo.

La forza dell'analisi fondamentale

Di solito l'analisi fondamentale si concentra su Trend e quindi operatività di lunghissimo termine e più affidabili.

Nel caso del forex si parla di stati o aree geografiche, nel caso dei titoli le singole aziende o gruppi di aziende.

Il metodo Forex Trading Non Direzionale è esente da tutti questi 5 problemi.

È unico e uguale per tutti, non arriva in ritardo, non c'è da sopportare il peso delle perdite, non è libero da interpretazioni ma fissa paletti rigidi, è libero da emozioni.

La conoscenza di chi fa cosa in anticipo

Lavorare conoscendo le informazioni che stanno nello strumento oggetto del nostro trading, i piani futuri, gli obbiettivi e i progetti, ci permette di valutare con maggior precisione come quello strumento finanziario si muoverà in futuro, perché saremo in grado di valutare se sta attuando progetti e politiche sensate, intelligenti oppure potenzialmente pericolose e fallimentari, tutte queste informazioni danno modo di comprendere come si muoverà il mercato.

Ricordiamo sempre che conoscere informazioni riservate che possano dare un vantaggio verso i movimenti futuri di determinati mercati è purtroppo una pratica consueta tra i BIG, ma del tutto illegale, chiamata insider trading.

Le debolezze dell'analisi fondamentale

1. Difficile reperire notizie genuine e non manipolate

2. Difficile mettere insieme le varie notizie, che in base alle fonti possono anche essere contrastanti

3. C'è sempre una rilevante parte di discrezionalità, e questo rende questo

metodo come l'analisi tecnica soggetta anche a periodi di drawdown prolungati.

A mio avviso entrambi i tipi di analisi, fondamentale e tecnica, sono importanti.

Occorre tenere presente sia l'analisi tecnica che quella fondamentale e mediare tra entrambe, il più bel segnale di analisi tecnica sul grafico potrebbe non valere la pena di essere preso in considerazione, se l'analisi fondamentale evidenziasse dati discordanti e viceversa, occorre sempre un certo livello di confluenza, che significa avere analisi allineate tra loro.

Strategie Forex

Una strategia forex è un insieme di regole che vi permetteranno di fare trading con successo.

Perchè una strategia forex

Quando decidete di fare trading non potete operare a caso. Vi serve una strategia, un piano, un metodo, in modo che il maggior numero di casi possibili siano pianificati e organizzati, così non avrete sorprese e qualunque cosa succeda, sarete pronti e saprete cosa fare.

Cosa dovrebbe contenere una strategia

Una strategia dovrebbe contenere l'insieme di regole per operare, per gestire il vostro conto e la dimensione delle operazioni, per scegliere quando e come entrare a mercato, quali sono i segnalai operativi.

Come verrà gestito il vostro money management?

A tutte queste domande andrebbe data una risposta, e prima di sedervi davanti ai grafici dovreste dargli una riletta.

Tipi di strategie di trading

Ce ne sono innumerevoli, più complicate, più semplici, più profittevoli, più o meno costanti.

Vediamone alcune:

Price action

Questa tecnica ha preso molto piede ultimamente, la base di fondo è l'analisi tecnica semplice che si rifà alla teoria di Dow.

Con la price action si analizzano i grafici individuando supporti e resistenze, cercando la formazione di determinate forme di candele per l'ingresso a mercato.

I segnali di price action

Un segnale di trading è una figura, un pattern, una situazione di mercato che ci dice di effettuare un'operazione.

I segnali di price action più conosciuti sono 3: engulfing pattern, inside bar e pin bar

Pin Bar

Questo tipo di segnale è composto da una candela che ha una lunga ombra sotto o sopra. Il prezzo ha preso una direzione, e poi il mercato si è invertito e ha spinto con grande forza la quotazione al contrario anche molto oltre il punto di partenza.

Engulfing pattern

Com'è fatto questo segnale di trading?

È un segnale composto da 2 candele.

La seconda candela, dopo aver violato il massimo o il minimo della prima candela, torna indietro e assorbe completamente tutta la candela precedente, rompendo anche il massimo o il minimo in direzione opposta. È la situazione chiaramente visibile nei 2 esempi sopra.

Solitamente si entra mettendo un ordine limit nel minimo o massimo della prima candela.

Inside Bar

L'inside bar è una candela piu piccola contenuta in una precedente più grande, è un segnale di incertezza, ma nel caso di chiarissimo trend e leggero ritracciamento è possibile utilizzarla per il proprio trading.

La candela più grande, si chiama outside bar, la più piccola, inside bar. Di solito si entra a violazione del massimo o minimo della outside bar. Lo stop loss si inserisce dalla parte opposta.

Bene con questo terzo segnale, abbiamo visto i 3 più importanti segnali di price action pin bar, engulfing, inside.

Questi segnali hanno una certa attendibilità, superiore al 50% in periodi favorevoli, mentre in periodi sfavorevoli (come questo) l'attendibilità di questi pattern è più bassa e si rischia di prendere parecchi stop loss.

Tenete sempre presente che per evitare la frustrazione delle perdite, come in questi esempi, è sempre meglio fare trading utilizzando i segnali di price action a favore del trend principale, vedremo successivamente come individuarlo in maniera corretta.

Si possono usare le medie mobili o le linee di trend. Su questo tipo di segnale si entra o a violazione del massimo del pin, oppure a 50% di ritracciamento.

Questo perché statisticamente a seguito della formazione di una pin, molto spesso il prezzo tende a ritracciare anche fino al 50% dell'estensione della pin bar, quindi possiamo approfittare di questo fenomeno per entrare su un livello più favorevole. Lo stop loss solitamente va messo sul minimo o massimo dell'ombra, in alcuni casi se l'ombra dovesse essere particolarmente pronunciata e lunga, potremo inserire lo stop loss al 75% o 50% della stessa.

Cicli

I cicli sono andamenti ripetitivi del mercato che occorrono più volte nell'arco del tempo. Con i cicli si cerca di stabilire quando un periodo rialzista o ribassista stia per terminare o cominciare in base soprattutto al fattore tempo

Breakout

Questa tecnica utilizza l'individuazione di supporti e resistenze e prevede l'ingresso a mercato alla violazione di queste ultime.

Incrocio delle medie mobili

Solitamente utilizzato su time frame molto alti, questo metodo prevede l'ingresso a mercato quando le medie mobili si incrociano, è in assoluto il metodo di trading più semplice, ma ha la sfortuna che per avere buoni segnali bisogna operare con settaggi di time frame e medie mobili tali da avere pochi segnali all'anno, dai 4 agli 8, nel capitolo dedicato alle medie mobili faremo

riferimento a questa tecnica.

Scalping
Per lo scalping di brevissino si utilizzano time frame molto brevi, 5 minuti o addirittura 1 minuto, si entra a mercato quando l'indicatore momentum supera una certa soglia oppure si formano rotture dei massimi/minimi delle candele. Solitamente la presa di profitto è di pochissimi pips, anche solo 1.

Swing Trading

Questa strategia utilizza sempre i fondamenti dell'analisi tecnica per individuare gli ingressi sui massimi o minimi delle normali oscillazioni del mercato.

Divergenza Inversa

Il metodo della divergenza inversa utilizza l'indicatore stocastico, prevede l'ingresso quando l'indicatore segnala una direzione opposta rispetto a quella delle candele sul grafico, significa che c'è uno scostamento che statisticamente, prima o poi si riassorbirà, si trae quindi vantaggio da questo concetto.

Forex Trading Non Direzionale

Infine ovviamente non posso non citare la strategia di trading Non Direzionale, semplicissimo e rivoluzionario metodo di trading che fa della sua regola principale un costante e rigoroso controllo matematico del conto per preservarlo dalle perdite.

La strategia di trading Non Direzionale è a mio avviso il metodo più efficace tra quelli descritti, in particolare per chi comincia da zero.

I livelli chiave supporti e resistenze

Tutta l'analisi tecnica si fonda sui livelli chiave. I due concetti più importanti dell'analisi tecnica classica fondata sulla teoria di Dow, che risale ai primi del 1900, sono trend e livelli chiave. Il trend lo vedremo nei prossimi capitoli. Questi concetti sono fondamentali per pianificare la vostra operativa di trading.

Che Cosa sono i Livelli Chiave

I Livelli Chiave sono aree di prezzo che hanno funto da supporto o resistenza. Probabilmente qualcuno di voi si sta chiedendo cos'è un supporto o una resistenza, cercherò di spiegarlo nel modo più semplice possibile. I livelli chiave sono aree che hanno comportato una reazione del prezzo.

Solitamente in corrispondenza dei livelli chiave il prezzo si ferma, tende a rimbalzare e prenderela direzione opposta, a volte anche violentemente, i livelli chiave più sono importanti e più il prezzo quando li raggiunge è probabile che torni indietro, addirittura invertendo il trend, ovvero la direzione generale del mercato, che può essere long (di acquisto) o short (di vendita).

Un livello chiave è un supporto se il prezzo si trova sopra di esso e il livello è quindi sotto, immaginiamo perciò che il livello funga virtualmente come base da appoggio per il prezzo.

Al contrario se il livello è sopra e il prezzo sotto, il livello si dice resistenza, immaginiamo che funga da freno per il prezzo.

Quando il prezzo penetra un supporto, questo automaticamente si trasforma in resistenza, viceversa quando ad essere penetrata è una resistenza, quest'ultima poi diventa un supporto, queste penetrazioni si definiscono rotture, o breakout.

Dopo la rottura solitamente ci si aspetta che il prezzo continui il suo percorso fino al prossimo livello chiave. L'importanza di un livello è maggiore quando guardando il grafico è evidente che nel passato il prezzo ha reagito, si è fermato ed ha rimbalzato, approcciando il livello.

Perchè sono importanti i livelli chiave

Nel forex e nell'analisi tecnica in generale, i livelli chiave come abbiamo detto provocano spesso il rimbalzo del prezzo, per questo motivo sono anche definite "aree evento". Sono importanti perchè è proprio in corrispondenza di tali aree che il comportamento del mercato diventa prevedibile. La tecnica di trading che utilizza principalmente la rottura dei livelli chiave è la breakout strategy, questa metodologia sfrutta gli ordini pendenti in corrispondenza del

superamento dei supporti e delle resistenze.

Un'altra cosa importante che vi può aiutare nell'individuazione di questi livelli, è che solitamente si definiscono livelli quelli che hanno comportato il rimbalzo del prezzo sia sopra che sotto, anche se non è una regola fissa, esistono molte eccezioni.

Quando il prezzo penetra il livello e poi torna indietro, si dice che siamo in presenza di una falsa rottura, o fakey, quando succede questo in gergo si dice che il livello è stato testato.

Questo comportamento è importante saperlo riconoscere per trarre un importante vantaggio, infatti quando siamo in presenza di queste false rotture il prezzo poi prosegue per un certo tragitto in direzione contraria, solitamente fino alla resistenza o supporto successivi.

Il gap

Il gap è una differenza di prezzo tra la chiusura di una candela e l'apertura della candela successiva.

Questo fenomeno negli indici e nei titoli avviene quasi quotidianamente perchè il mercato chiude le contrattazioni ogni sera e le riprende la mattina del giorno successivo, tra la chiusura e la riapertura del mercato ci sarà un "salto" tra chiusura della candela precedente e apertura della nuova candela.

Come abbiamo detto il mercato forex ufficiale è aperto dalla domenica sera

ore 23 italiane al venerdì sera ore 23 italiane.

Durante il weekend il mercato è chiuso, ma eventi o notizie possono comunque far muovere i tassi di cambio, quando alla domenica sera il mercato riapre, potremo avere una differenza, anche elevata, tra il prezzo di chiusura del venerdì e il nuovo prezzo, questa differenza si chiama gap.

La cosa interessante del gap, è che su alcune coppie forex tende a venire sempre colmato, funge da calamita. Ad esempio se euro dollaro apre in "gap up" di 50 pips, cioè il prezzo di domenica è 50 pips in più di quello di venerdì, nel giro di qualche ora o qualche giorno al massimo, statisticamente è molto probabile che quei 50 pips verranno colmati al ribasso, successivamente è anche molto probabile un rimbalzo perché il gap funge anche da supporto o resistenza, vedremo meglio il concetto di supporto e resistenza in uno dei prossimi capitoli.

Tipi di mercato

Il grafico può assumere 2 stati principali, ed è importante conoscerli:

- Stato di mercato in trend

- Stato di mercato in range

È molto importante sapere individuare questi due stati, perché conoscendo questi stati del mercato, possiamo evitare di commettere gravi errori di valutazione nell'esecuzione dei nostri trades.

Stato di mercato in trend

In questa situazione il mercato ha una direzione precisa. Il trend può essere di due tipi: rialzista o ribassista

Un trend rialzista si evince quando sul grafico sono evidenti continui minimi crescenti.

Un trend ribassista si evince quando sul grafico sono evidenti continui massimi decrescenti.

Il ritracciamento durante il trend Il ritracciamento durante una fase di trend è una temporanea inversione di tendenza rispetto alla direzione generale del prezzo, si verifica spesso questa condizione perché il prezzo quando viaggia in un trend, non lo fa mai in linea retta, ma ondeggia allontanandosi e avvicinandosi dalle medie mobili o dalla liea di trend, per poi riallontanarsi nuovamente.

Quando siamo in trend, il modo migliore di fare trading consiste nell'individuare i momenti in cui queste brevi oscillazioni contrarie alla direzione principale stanno terminando, ed entrare quindi a mercato a favore del trend, questo sta alla base di qualunque strategia di forex trading.

Stato di mercato in range o laterale

Si dice che un mercato è range o laterale quando il prezzo invece di muoversi prevalentemente verso l'alto (rialzista) o verso il basso (ribassista) tende a muoversi in avanti colpendo in continuazione un massimo e un minimo, che solitamente sono livelli chiave (supporto o resistenza), rimbalzando in una sorta di ping pong.

Individuazione del trend

È possibile individuare un trend nel grafico utilizzando le medie mobili, ma il modo migliore rimane sempre quello di individuare sul grafico pulito i massimi e i minimi delle candele. In generale massimi decrescenti indicano un trend ribassista, mentre minimi crescenti indicano un trend rialzista.

È importante per un trader tecnico individuare il trend, ne esistono di diversi tipi, in base al periodo:

- il trend primario o di lunghissimo, che va da 6 mesi ad uno o 3 anni

- il trend secondari o di medio, che va da 3 settimane a 3 mesi

- il trend minore o di breve, che è inferiore alle 3 settimane.

Questi tre tipi di trend sono ovviamente inclusi uno dentro l'altro come nelle scatole cinesi e possono essere anche contrari, ad esempio possiamo avere un trend primario ribassista e un trend minore rialzista, che di solito tenderà ad esaurirsi a favore del trend primario, invertendo prima o poi la sua direzione, generalmente il trend più è espresso da un periodo lungo, più tende a dominare sugli altri trend e gli altri trend se opposti tenderanno ad esaurirsi a favore del trend superiore, questo effetto si definisce anche normalizzazione.

Fare trading con le trendline e le linee di trend

Uno strumento tecnico molto importante sono le trendlines, o linee di tendenza. Le trendlines sono nella loro semplicità uno degli strumenti più potenti dell'analisi tecnica. Una trendline rializasta, è una linea retta tracciata in modo tale da congiungere minimi crescenti. Una trendline ribassista al contrario verrà disegnata congiungendo massimi decrescenti. Una trendline viene anche definita supporto o resistenza dinamica. Una trendline rialzista è un supporto dinamico, una trendline ribassista è una resistenza dinamica.

Come si traccia una trendline

Per tracciare una trendline correttamente occorre, come per l'individuazione di supporti e resistenze, un po' di pratica in modo da sviluppare la giusta sensibiità.

Come la maggior parte dell'analisi tecnica, parte consistente del lavoro è molto discrezionale e di conseguenza occorre tanta pratica per procede in maniera corretta. Spesso capita da esempio, che una trendline che pare corretta, vada successivamente ridisegnata, occorre procedere per

tentativi al fine di perfezionare il lavoro svolto precedentemente.

Lo scopo principale di una trendline ovviamente è quello di evidenziare il trend. Servonoalmeno 2 minimi o 2 massimi da congiungere assieme per formare una trendline rialzista o ribassista. Si comincia ad identificare una linea di trend "provvisoria" congiungendo 2 minimi o due massimi, poi attenderemo pazientemente almeno un terzo minimo o massimo a conferma della validità.

Una trendline è tracciabile con 2 minimi o due massimi, ma ne occorrono almeno 3 perchè essa abbia nell'analisi tecnica una valenza vera e propria. Partiamo sempre dall'assunto che il prezzo quando segue un trend non lo fa mai in linea retta, ovvero non si muove mai sempre e solo nella direzione del trend, ma a causa di aperture di posizioni e prese di profitto successive avremo la formazione di onde.

Come operare utilizzando una trendline Quando siamo in presenza di una trendline rialzista sarà il momento di acquistare nei punti di congiunzione successivi inferiori al punto 5, e di vendere al termine delle onde rialziste.

Rottura di una trendline

Fino a quando una trendline non viene violata può essere utilizzata per determinare i corretti punti di acquisto o di vendita, nell'esempio successivo vediamo la rottura di una trendline. Questo fenomeno spesso comporta un'inversione del trend.

Valutare l'importanza di una trendline

I due fattori principali da considerare per determinare l'importanza di una trendline sono i seguenti:

- l'ampiezza dell'arco temporale in cui si è protratta e il timeframe sulla quale la stiamo visualizzando

- il numero di volte che è stata testata positivamente (il numero di rimbalzi effettuati su di essa senza eseguirne una rottura definitiva)

Una trendline che è stata testata positivamente 8 volte, sarà più importante ed affidabile di una trendline testata 4 volte.

Una trendline che persiste da 9 mesi sarà più affidabile di una presente da 5 settimane.

Per converso, più importante è la trendline di riferimento e più la sua rottura produrrà un movimento contrario di rilievo, volatilità e velocità del prezzo.

False rotture

A volte capita che la trendline venga temporaneamente rotta e successivamente il prezzo rientri anche più volte.

Questo ovviamente crea una situazione di incertezza e difficoltà di analisi.

Cosa bisogna fare in questi casi? Dobbiamo ritracciare la trendline oppure lasciamo la trendline originale?

In questi casi vige la regola della discrezionalità, come abbiamo ripetuto molte volte fattore essenziale della price action e dell'analisi tecnica.

Quando una rottura diventa definitiva

Una chiusura al di sopra o al di sotto della trendline, in violazione appunto, non è spesso sufficiente a decretarne la rottura definitiva.

A volte, se siamo in presenza di trendline di lungo periodo, persino 2 o più chiusure al di fuori della linea di trend non sono sufficienti ad avere la certezza della rottura e quindi dell'inversione imminente della direzione del prezzo.

Filtrare ed eliminare le false violazioni è uno dei lavori più complicati e che richiede più

tempo ed esperienza, oltre che ovviamente grande discrezionalità.

Un modo per filtrare le rotture è di imporsi una percentuale di penetrazione.

Se il prezzo supera la % di penetrazione da noi giudicata sufficiente a valutare la rottura definitiva, allora cominceremo ad agire diversamente, ragionando in un'ottica di inversione di trend.

Una percentuale utilizzabile per fare questa valutazione potrebbe essere tra il 3% e il 5% del movimento. Ovviamente la percentuale di penetrazione è variabile in funzione dell'importanza del trend.

Un altro modo per dichiarare la trendline rotta è attendere almeno 2 o 3 chiusure in

violazione.

Nell'esempio del trend rialzista le candele dovranno chiudersi almeno un certo numero di volte consecutive sotto la trendline di riferimento, molti traders utilizzano il numero 2.

Target per trading a rottura

Quando operiamo sulla rottura di una trendline, calcoleremo il nostro target di profitto utilizzando la media dell'ampiezza delle onde del trend, proiettate in maniera opposta. Se per esempio una linea di trend rialzista presenta delle onde mediamente di 300 pips, alla sua rottura potremo operare in vendita, proponendoci come obbiettivo 300 pips.

Il principio del ventaglio

Nel capitolo precedente abbiamo mostrato come e quando è possibile approfittare della rottura di una trendline. Nel caso preso in esame facevamo notare come, a seguito di rottura della trendline, spesso il prezzo ritraccia, cioè torna sui suoi passi temporaneamente, per andare a rimbalzare sul lato opposto, facendo un rimbalzo sulla trendline che da supporto è diventata resistenza.

Accade a volte che dopo un primo rimbalzo, ne avvengano altri. È possibile utilizzarli per tracciare nuove trendlines e che poi vengano successivamente rotti di nuovo. In particolare dopo la terza rottura, cioè alla terza volta che avviene questo fenomeno di "ritracciamento, rimbalzo, rottura" si decreta il definitivo decadimento del trend e un'accelerazione dei prezzi in direzione 0 opposta. Il nome "principio del ventaglio" deriva dal fatto che questa formazione di 3 rimbalzi assomiglia ad un ventaglio. Tornando alla pratica operativa, è necessario ricordare che la terza rottura è quella definitiva e decreta un segnale molto valido di inversione di trend.

L'inclinazione relativa di una trendline

L'inclinazione relativa di una trendline ha molta importanza.

Di solito l'inclinazione preferibile che ci si attende da una linea di trend è di 45 gradi,

quindi in molti tracciano semplicemente una linea di 45° unendo due punti e la utilizzano come linea di trend.

Quando la trendline è a 45 gradi, il mercato sale o scende con dei ritracciamenti del prezzo che godono di perfetta sintonia tra ampiezza e tempo. Se una linea di trend è troppo inclinata verso l'alto significa che il prezzo si sta muovendo troppo in fretta e il movimento potrebbe essere solo temporaneo.

Aggiustare le trendlines

A volte i trend accelerano e decelerano, quindi passando da un'inclinazione a 45 gradi ad inclinazioni maggiori o minori e viceversa, in questi casi semplicemente aggiusteremo la linea di trend man mano che avvengono le rotture delle linee temporanee, prendendo atto della forza o della debolezza acquisita. Poiché esistono vari gradi di trend, si disegneranno varie trendlines per misurarli. Ad esempio sopra ad una linea principale di trend, si potrebbero tracciare delle linee secondarie e brevi per misurare i movimenti più corti.

Indicatori

Un indicatore è uno strumento che applicato al grafico riesce, eseguendo calcoli sul prezzo, a darci delle indicazioni utili per svolgere il nostro trading.

L'indicatore più utilizzato: la media mobile

In questo capitolo imparerete come utilizzare le medie mobili per identificare il trend e quando esso sta cambiando. L'utilizzo delle medie mobili vi sarà utile nella vostra operatività di trading. Che cos'è una media mobile. Una media mobile è un indicatore forex formato da una linea che segue il prezzo riassumendo il movimento di quest'ultimo calcolando ogni punto in

base alla media dei prezzi di un determinato numero di periodi precedenti.

Tipi di medie mobili

I 2 tipi principali di medie mobili sono la semplice e l'esponenziale. La media mobile esponenziale da maggior importanza ai prezzi più recenti, la media mobile semplice viene calcolata dando la stessa importanza a tutti i prezzi indipendentemente da quanto siano lontani dal momento attuale.

Un diminutivo del termine media mobile esponenziali è EMA, che viene dalle iniziali del modo in cui si dice in inglese, Exponential Moving Average, mentre la semplice è SMA, Simple Moving Average.

Identificare il trend con le medie mobili

Spesso si utilizzano 2 medie mobili sui grafici a time frame daily, una media mobile esponenziale a 21 periodi, e una EMA a 8 periodi.

I periodi sono i valori nel passato che per ogni punto della linea vengono calcolati erappresentati per calcolare la media. Meno periodi vengono utilizzati, più si dice che la media mobile è veloce, si muoverà più rapidamente seguendo il prezzo e standole vicino.

Più periodi vengono utilizzati e più si dice che la media mobile è lenta, vedremo che sarà poco reattiva nei confronti del prezzo, e tenderà a rimanere lontana da esso la maggior parte del tempo.

Utilizzando 2 medie mobili, il cambio di tendenza, cioè di trend può venire indicato quando la media veloce incrocia la lenta in una direzione.

Inoltre lo spazio tra le due medie mobili si definisce area di resistenza dinamica, significa chequando il prezzo si avvicinerà a tale area, tenderà a rimbalzare e tornare indietro.

Un altro modo di utilizzare le medie mobili è inserendone sul grafico una sola, e osservando quando il prezzo si avvicina o la supera tagliandola dall'alto in basso o viceversa.

Il momento in cui il prezzo taglia la media mobile è un'indicazione che il trend è cambiato, da ribassista a rialzista o viceversa. In questo caso più sarà lenta la media mobile (molti periodi) e più raramente avverranno questi incroci, in questo caso il segnale derivante, o comunque l'indicazione sarà più affidabile, per tale scopo si utilizzano medie mobili di 120, 200 o anche 300 periodi.

Mercato range o laterale con le medie mobili

Quando il mercato è range o laterale, possiamo completamente ignorare lo stato delle medie mobili, perchè si incroceranno continuamente verso l'alto e verso il basso. In questa situazione di mercato si vende quando il prezzo si trova nella parte alta del canale laterale e si compra quando il prezzo si trova nella parte bassa del canale laterale.

Qualche esempio grafico.

Il Doppio Massimo e il Doppio Minimo

Questa conformazione grafica serve per individuare quando la direzione del prezzo sta per invertirsi. Il punto forte di questo pattern di analisi tecnica, è la facilità di individuazione, è molto semplice da riconoscere nel grafico.

Le figure di doppio massimo sono chiamate "M", le figure di doppio minimo "W". Questo tipo di figura si forma inizialmente con un consolidamento, e successivamente il segnale vero e proprio è riscontrabile a seguito di rottura della linea orizzontale dopo l'inversione del trend.

Filtri

Prima di definire un doppio massimo o doppio minimo fallito, oppure confermato, è consigliabile stabilire il superamento di una percentuale di penetrazione, variabile dall'1% al 3%. In secondo luogo una conferma più significativa può essere individuata nella chiusura in violazione del livello di inversione per almeno 2 giorni consecutivi. Filtri di questo genere non sono infallibili, ma riducono sensibilmente il numero di falsi segnali.

Doppio massimo o minimo in mercato range

Il doppio massimo o doppio minimo possono anche presentarsi su movimenti range a consolidamento di supporti resistenza e su rottura di queste ultime. Possiamo avere un doppio massimo che si presenta in una situazione di mercato laterale o range.

Alla rottura della linea orizzontale inferiore, ovvero il supporto sottostante, abbiamo la conferma del segnale, è anche vero che è possibile fare un ingresso a seguito del secondo massimo con target il supporto inferiore, avvalendosi in questo caso della regola generale

del trading che indica di acquistare sopra un supporto e vendere sotto una resistenza.

Quando si è in mercato direzionale, cioè in trend, è importante non scambiare il doppio massimo o doppio minimo con un normale pullback.

Normali pullback

L'importanza del periodo tra massimo e minimo.

Questo tipo di misura è molto importante. La lunghezza del periodo tra i due massimi e l'altezza dell'intera figura, rappresentano il potenziale di inversione di ogni movimento.

La maggior parte delle formazioni di doppio massimo doppio minimo, dovrebbero avere un intervallo tra i due massimi o minimi di almeno un mese, talvolta potrebbero passare anche due o tre mesi.

Sui grafici di lungo periodo, mensili e settimanali, possono intercorrere anche parecchi anni.

Ordine di studio dei grafici

È molto importante utilizzare un ordine di studio dei grafici corretto a livello di time frame, in modo da avere una conoscenza dei vari trend ordinata.

L'ordine ideale e che io consiglio per analizzare i grafici consiste nel partire dal più lungo periodo, grafico a time frame mensile e ordine di grandezza decennale o ventennale, per poi spostarsi gradualmente via via nei time frame inferiori fino ad arrivare al proprio time frame operativo.

È fondamentale proseguire con ordine procedendo da un grafico di lunghissimo periodo per avere una visione d'insieme e stringere gradualmente sempre di più.

Cosa cercare sul grafico

Osservando il grafico mensile a livello decennale o ventennale, segneremo sulla piattaforma i pattern più chiari, le trendlines più importanti, i livelli statici più evidenti di supporto e resistenza. Si passerà successivamente al grafico settimanale osservando un arco temporale di 5 anni, ripetendo la stessa operazione per poi passare al giornaliero osservando gli ultimi 6-18 mesi e procedendo se lo si desidera all'intraday, cioè i time frames inferiori al giornaliero.

È sconsigliato fare trading utilizzando direttamente i grafici di lungo periodo.

I grafici di lungo periodo vengono utilizzato per effettuare l'analisi, avere un quadro d'insiemee valutare con maggiore correttezza il grafico operativo scelto, non sono idonei per entrare ed uscire dal mercato, ma solamente per identificare il trend principale di riferimento ed eventualilivelli chiave importanti.

Per entrare ed uscire dal mercato è consigliabile utilizzare grafici con scope daily o intraday.

L'importanza dei grafici di lungo periodo

Tra i vari tipi di grafici utilizzati dai è di gran lunga più utilizzato il grafico a candele a time frame giornaliero.

Di solito un grafico finanziario forex, cfd o futures giornaliero si osserva procedendoall'indietro fino a 6-12-18 mesi, per questa ragione il grafico giornaliero è solitamente il primo strumento operativo per i price action traders e anche di analisi per gli scalper che desiderano avere unorientamento di ampio raggio prima di lavorare nei time frames inferiori.

Tuttavia non si puo' prescindere dall'avere una prospettiva del lunghissimo periodo, in particolare questo è ottenibile grazie ai grafici a time frame settimanale e mensile.

Nel grafico a time frame settimanale o mensile, ogni candela rappresenta il movimento dei prezzi di una settimana o un mese. I grafici di lungo periodo mostrano in prospettiva la tendenza del mercato che non è riscontrabile sul solo grafico giornaliero, in quanto molti livelli importanti e movimenti di lungo periodo risulterebbero offuscati da quello che in gergo molti definiscono "rumore", movimenti del prezzo trascurabili che nascondono le tendenze importanti nell'arco temporale che stiamo osservando.

Il grande vantaggio del lungo e lunghissimo periodo è che i trend spesso durano anni e sono quindi visibili molto chiaramente.

I trend di lungo periodo rispondono a chi pone la questione della casualità, più elevato è il time frame, minori saranno gli eventi casuali.

Le correlazioni nel forex

Il meccanismo delle correlazioni tra le valute è un'importante conoscenza che può aiutare a prendere decisioni consapevoli nel trading di tutti i giorni, inoltre conoscere bene questo argomento permette di avere una visione molto più chiara dei mercati.

Nel mercato forex si eseguono operazioni su coppie o incroci di valute.

Una sarà la parte lunga, acquistata, l'altra la parte corta, venduta.

Prendiamo per esempio la coppia Euro Dollaro EUR/USD. L'Euro è la valuta al primo posto, è la divisa trattata detta anche base o numeratore, mentre il dollaro è la divisa quotata detta anche variabile o denominatore. La valuta di base è quella che presenta spesso il valore più alto.

Quando eseguiamo un'operazione sul mercato Forex, acquistiamo o vendiamo sempre la valuta che sta al primo posto cioè la valuta al numeratore, detta base o trattata.

Nel mercato delle valute il Dollaro USA è il riferimento per qualunque transazione.

È talmente elevata l'importanza del dollaro, che se non esistesse non sarebbe possibile cambiare gli Euro con altre monete, come ad esempio il Dollaro Australiano o lo Jpy Yen Giapponese.

Quando le coppie hanno lo stesso denominatore o divisa quotata, tendono tutte ad avere la stessa direzione, sono cioè correlate in maniera positiva. Per esempio se EUR/USD tende a salire, è probabile che la stessa cosa capiti a GBP/USD o AUD/USD o NZD/USD.

EUR/USD e GBP/USD hanno una correlazione molto elevata e allo stesso modo NZD/USD e AUD/USD tra loro sono molto correlate, questo dipende anche dal fatto che questi sottoinsiemi vengono movimentati da eventi macroeconomici simili in quanto si trovano in aree geografiche simili. Quando invece su due diverse coppie abbiamo una valuta in un caso al primo

posto, cioè come denominatore o valuta base o trattata, nel secondo caso come valuta quotata o variabile o denominatore, saremo in una situazione di correlazione negativa.

Un esempio è EUR/USD e USD/CHF.

I cross, o incroci

Le coppie che sono incroci tra majors sono definiti cross, in questi casi si utilizza la valuta comune, ovvero il Dollaro USA e per differenza si ottiene la quotazione del cross.

Qualche esempio di cross: EUR/USD con AUD/USD – Cross o incrocio EUR/AUD EUR/AUD è un cross, cioè un incrocio dato dalle 2 major e la sua quotazione è le differenza tra le 2 major.

Se per esempio in una giornata di trading EUR/USD è andato al rialzo di 50 pips e AUD/USD e' andato al rialzo di 80 pips. EUR/AUD avrà un ribasso di 30 pips, che è la differenza dei movimenti delle 2 major.

Se non esistesse il Dollaro USA ad accomunare EURO e Dollaro Australiano, non sarebbe possibile avere EUR/AUD, non sarebbe possibile scambiare Euro con AUD, ecco perchè il Dollaro USA è alla base di tutto il mercato forex anche dove non appare.

Un'altra correlazione importante sta tra il mercato azionario e il dollaro americano, in particolare quando vengono comprate azioni USA, il dollaro tende a salire e rafforzarsi ed è per questo che quando c'è avversione al rischio il Dollaro USA tende a salire perchè gli investitori preferiscono investire su assets americani a basso rischio e questo si riflette automaticamente in acquisto di Dollari USA.

Un'altra correlazione diretta è tra i tassi di interesse dei paesi e le loro valute. Innalzamento di tassi di interesse tendono a far salire il valore della valuta di quel paese, avviene il contrario per l'abbassamento del tasso di interesse.

Per due ragioni:

- alti tassi corrispondono ad economia in espansione

- se per una valuta viene pagato un alto tasso di interesse, quest'ultima verrà comprata perchè converrà possederla per accumularne gli interessi.

La teoria della parità dei poteri d'acquisto

La Teoria della Parità dei Poteri d'acquisto (Purchasing Power Parity o PPP) è

basata sulla legge del prezzo unico.

Il pilastro fondamentale della teoria è rappresentato dal fatto che, in un mercato efficiente, il valore di un paniere di beni e servizi oggetti di libero scambio all'interno del paese X, aggiustato per il cambio vigente, dovrebbe essere venduto allo stesso prezzo applicato all'interno del paese Y.

Il valore di cambio tra le valute dei paesi X e Y dovrebbe in teoria essere determinato dalrapporto tra il prezzo globale del paniere di beni e servizi del paese X e quello del paese Y.

Qualora, ai cambi attuali, il paniere di beni e servizi del paese X risultasse essere più a buon mercato di quello del paese Y allora, seconda la teoria, la maggiore domanda estera riporterebbe i prezzi di X sul valore di equilibrio.

La dinamica inflazionistica delle due aree di riferimento assume certamente una rilevanza fondamentale nella formazione del cambio e, ad un aumento dell'inflazione, dovrebbe corrispondere una svalutazione della valuta per mantenere invariato il PPP.

Un esempio concreto può aiutarci a capire il meccanismo della teoria. Se in Italia un tablet costa 500 euro ad un cambio EurUsd di 1.30 (1 € = 1.30 $) il medesimo modello dovrebbe costare negli Stati Uniti 650 Usd.

Se il costo del tablet venduto negli Usa (ad esempio su un qualunque sito online) risultasse pari a 500 Dollari allora il cliente italiano troverebbe più conveniente acquistare, al cambio attuale di 1.30, il tablet negli Stati Uniti.

Ovviamente appaiono evidenti i limiti di questa teoria; tariffe doganali, spese di trasporto, dazi, sono solo alcuni dei fattori che rendono molto più difficoltosa una precisa valutazione (e convenienza pratica) per effettuare acquisti all'estero a condizioni favorevoli.

Oltre al fatto che questa legge può essere applicata solo ai beni o servizi commerciabili a livello internazionale escludendo perciò i beni immobili, un altro elemento di criticità di cui tenere

conto è legato al fatto che il paniere di beni e servizi utilizzato nella formulazione del PPP (il cosiddetto cambio di equilibrio) è uguale per tutti i paesi, sottostimando quelle che sono le preferenze di mercato dei vari consumatori mondiali, fattore determinante nella formazione di un prezzo di vendita.

Pur nel rispetto di questi limiti, l'analisi dello scostamento dei livelli di cambio

attuali dal PPP fornisce l'immediato riscontro se una valuta è sopra/sotto valutata in termini fondamentali.

Nel breve termine questo elemento non fornisce elementi di supporto al trading in quanto la tendenza a vedere una convergenza del cambio verso il livello di equilibrio richiede statisticamente tra i 4 e i 10 anni.

Se come detto questo strumento non è utilizzabile per fare trading, in alcuni casi offre però degli interessanti alert per l'investitore di medio periodo.

Esistono comunque metodi alternativi di misurazione della parità dei poteri

d'acquisto, tra cui il famoso Big Mac Index.

L'indice Big Mac

L'indice Big Mac è uno strumento di comparazione del potere d'acquisto di una valuta stilato dal 1986 dal giornale economico "The Economist" ed aggiornato periodicamente dallo stesso editore.

Questa misurazione assume come valida la teoria della parità dei poteri d'acquisto, teoria che, come illustrato nel capitolo precedente e con le limitazioni di cui abbiamo già parlato relativamente alla metodologia in questione, presuppone che il tasso di cambio tra due valute dovrebbe tendere naturalmente ad aggiustarsi in modo che un paniere di beni abbia lo stesso costo in entrambe le valute.

Nell'indice Big Mac, il paniere è composto da un singolo Big Mac, così come

viene venduto dalla catena di fast food della Mc Donald's in tutto il modo.

Il Big Mac è stato scelto perché è disponibile con le stesse specifiche in diverse nazioni del mondo, e gli affiliati McDonald's locali hanno una notevole responsabilità nella negoziazione dei prezzi.

Per questi motivi, l'indice permette una comparazione significativa tra le valute di molte nazioni creando non tanto opportunità di arbitraggio, ma indicazioni su quanto può essere considerata "cara" in termini fondamentali una valuta rispetto ad un'altra.

Il rapporto della parità di potere d'acquisto del Big Mac tra due valute si ottiene dividendo il costo di un Big Mac in una nazione (nella sua valuta) per il costo di un Big Mac nell'altra nazione (nella sua valuta).

Questo valore viene confrontato con il tasso di cambio attuale; se è più basso, allora la prima valuta è sottovalutata (secondo la teoria della parità del potere d'acquisto) rispetto alla seconda, mentre se è più alto, allora la prima valuta è sopravvalutata.

Un esempio può chiarire meglio il calcolo; attualmente un Big Mac costa 3,67 € nell'Area Euro e 4.37 Dollari negli Stati Uniti; quindi il tasso della parità di potere d'acquisto è 4.37/3.67 = 1.19 ovvero 1 € per 1.19$. Alla luce del cambio €/$ attuale di 1.29 possiamo dire che l'Euro è sopravaluto del 8% rispetto al Dollaro.

I modelli che si basano sul PPP non sono uno strumenti di trading, ma di indirizzo per valutare i fondamentali di una valuta e soprattutto il suo posizionamento rispetto a delle medie storiche.

È normale ad esempio che i paesi emergenti vantino una sottovalutazione cronica della loro valute in quanto paesi esportatori che fanno leva sul cambio per cercare di aumentare le quote di mercato nei paesi sviluppati.

Quando però questa sottovalutazione si allontana in maniera significativa dalle medie storiche questi numeri possono supportare l'investitore in determinate scelte sfruttando il cosiddetto principio della "mean reversion", ovvero quell'assunto secondo il quale ogni variabile finanziaria che si allontana di 1 o 2 deviazioni standard dalla media storica, tende nel tempo a normalizzarsi e convergere verso la media stessa.

Negli ultimi anni si sono comunque sviluppati sistemi alternativi di valutazione

basati sul PPP

Expert advisor

Un Expert Advisor è un programma in grado di eseguire sul vostro terminale le

azioni impartite da un operatore, senza però il suo coinvolgimento diretto.

Tutte le attività vengono eseguite automaticamente o meccanicamente, motivo per cui gli advisors sono definiti experts che tradotto in italiano altro non sono che sistemi di trading automatico.

In poche parole, si tratta di un programma che esegue le istruzioni di un broker senza alcun intervento da parte del trader stesso.

Installando un Expert Advisor sulla piattaforma di trading che è collegata al server del broker e settando con attenzione tutte le impostazioni, l'Expert Advisor inizierà ad effettuare trading in base ad una strategia predefinita.

Quali sono i benefici di un expert advisor?

Da un punto di vista psicologico, l'Expert Advisor è insostituibile.

Il trader ottiene una diminuzione delle proprie responsabilità per il processo

decisionale, e l'operazione in sé risulta meno stressante.

Il trader non necessita di una conoscenza approfondita di analisi tecnica e fondamentale, dal momento che tutti i calcoli sono eseguiti dal trading system automatico.

Inoltre, un Expert Advisor è in grado di gestire i segnali di trading, anche quando l'operatore non è davanti al monitor, garantendo una copertura 24 ore su 24.

Testare un expert advisors

Con un Expert Advisor c'è la possibilità di verificare (back test) su dati storici la reale efficacia della strategia. Effettuare dei test risulta essere molto utile, perché aiuta a misurare la capacità e l'efficacia di un sistema di trading automatico su dati storici, stimando i margini di probabilità di guadagni ed errori. Se si è testato l'advisor e si conosce come esso reagirà alle diverse condizioni di mercato, è possibile iniziare a fare trading senza bisogno di intervenire. A tal fine,il terminale ha una speciale finestra in cui è possibile anche ottimizzare i parametri di input.

Conclusione

I principianti possono pensare che questo sistema di trading è particolarmente complicato.

Non è così.

Dopo circa un mese qualsiasi operatore potrà iniziare a programmare il proprio trading system.

Se siete titubanti sulla possibilità di affidare i vostri soldi ad un software automatizzato e volete avere l'ultima parola agendo manualmente, potrete configurare il vostro programma in modo da impostare degli avvisi sonori che agevoleranno notevolmente il vostro lavoro dedicando meno tempo all'analisi grafica in attesa di un segnale di apertura o chiusura le posizioni.

Disclaimer

Tutti i marchi registrati e loghi citati in questo libro, incluso Amazon, appartengono ai rispettivi proprietari.

L'autore di questo libro non pretende né dichiara alcun diritto su questi marchi, che sono citati solamente a scopi didattici.

Don't miss out!

Visit the website below and you can sign up to receive emails whenever Danilo Schiavone publishes a new book. There's no charge and no obligation.

https://books2read.com/r/B-A-NTCZ-SLUKC

www.ingramcontent.com/pod-product-compliance
Lightning Source LLC
LaVergne TN
LVHW051123051026
849532LV00004BB/1651
* 9 7 9 8 2 1 5 5 3 9 1 8 7 *